经典经济学
轻松读

保罗·萨缪尔森：
经济活动

[韩]朴信植 著
[韩]黄基洪 绘
卓颖如 译

中国科学技术出版社
·北京·

Foundation of Economy Analysis by Paul Samuelson
©2022 Jaeum & Moeum Publishing Co.,LTD.
자음과모음

Devised and produced by Jaeum & Moeum Publishing Co.,LTD., 325-20,
Hoedong-gil, Paju-si, Gyeonggi-do, 10881 Republic of Korea
Chinese Simplified Character rights arranged through Media Solutions Ltd Tokyo
Japan email:info@mediasolutions.jp in conjunction with CCA Beijing China
北京市版权局著作权合同登记 图字：01-2022-6060。

图书在版编目（CIP）数据

保罗·萨缪尔森：经济活动/（韩）朴信植著；
（韩）黄基洪绘；卓颖如译.--北京：中国科学技术出版社，2023.5
 ISBN 978-7-5046-9952-7

Ⅰ.①保… Ⅱ.①朴… ②黄… ③卓… Ⅲ.①对外经济活动—通俗读物 Ⅳ.① F114-49

中国国家版本馆 CIP 数据核字（2023）第 037573 号

策划编辑	申永刚	封面设计	创研设
责任编辑	孙倩倩	责任校对	张晓莉
版式设计	蚂蚁设计	责任印制	李晓霖

出 版	中国科学技术出版社
发 行	中国科学技术出版社有限公司发行部
地 址	北京市海淀区中关村南大街 16 号
邮 编	100081
发行电话	010-62173865
传 真	010-62173081
网 址	http://www.cspbooks.com.cn

开 本	787mm×1092mm 1/32
字 数	46 千字
印 张	4.875
版 次	2023 年 5 月第 1 版
印 次	2023 年 5 月第 1 次印刷
印 刷	大厂回族自治县彩虹印刷有限公司
书 号	ISBN 978-7-5046-9952-7 / F・1107
定 价	59.00 元

（凡购买本社图书，如有缺页、倒页、脱页者，本社发行部负责调换）

序言

从出生到死亡，人的一生都伴随着经济活动。但在经济发展早期，经济活动存在着局限性，大部分的经济活动是通过人与人的关系实现的。但是随着社会的发展，家庭、企业、政府等成为经济活动的主体，引领经济发展。

在1776年亚当·斯密（Adam Smith）的《国富论》出版以后，经济学被归为社会科学的一个重要领域，之后随着经济的发展，众多经济学家建立了多个经济学学派。

20世纪中期，以米尔顿·弗里德曼（Milton

Friedmann）等人为代表的"芝加哥学派"登场，强调通过以家庭和企业的经济主体进行的自由经济活动，形成自由放任主义经济政策。米尔顿·弗里德曼特别指出：对经济活动自由的最大威胁是集中权力的政府。

但是，在完全市场竞争的环境下，会出现一些企业垄断市场，进而导致收入分配的不平等，引起贫富差距扩大、失业量增多等严重的社会问题。只强调市场机制自行调节的自由放任主义经济政策并不能解决这些问题。

同一时期，以本书的主人公保罗·萨缪尔森（Paul Samuelson）为代表的"新古典经济学派"也登场了。保罗·萨缪尔森认为数学是解释经济现象的实质工具，他积极将数学引入经济学，为数理经济学奠定了理论基础。对劳伦斯·克莱因（Lawrence Klein）、乔治·阿克尔洛夫（George Akerlof）、约瑟夫·斯蒂格利茨（Joseph Stiglitz）等诺贝尔经济学奖获得者和美国联邦储备委员会主席本·伯南克（Ben Bernanke）等人也产生了很大的影响。

保罗·萨缪尔森领导的"新古典经济学派"将约翰·梅纳德·凯恩斯（John Maynard Keynes）主张的政府干预经济的宏观经济学与古典派价格理论、公共经济学相结合，强调市场的缺陷，主张政府通过财政支出等行为积极介入市场。

因此，到20世纪70年代初期为止，许多国家实施了政府干预型经济政策。政府依法禁止企业垄断、建立税收制度或社会保障制度等，以及通过收入再分配政策、公益事业和大规模政府事业等促进充分就业等，使政府在经济主体中起到了主导作用。

在20世纪70年代的世界性通货膨胀中，政府制定的应对对策变得无用，趋势再次从政府主导转向市场主导。呼吁政府放宽限制、民营化、资本自由流动的新自由主义经济学登场了。

但是在2008年美国次贷危机引发全球金融危机后，保罗·萨缪尔森的经济主张再次受到关注。保罗·萨缪尔森表示："等待市场经济的自律调整需要很长时间。为了摆脱全球金融危机，需要有像大萧条时期一样果断的财政支出政策。"

随着时代发展，人们对经济的解释和解决经济问题的方法会不断发生变化。因此，把握经济发展方向，解决经济问题是非常重要的事情。

希望大家通过本书正确理解经济活动主体，以及获得一些经济学的知识。

朴信植

> 独家访谈 | 保罗·萨缪尔森
>
> # 被誉为"经济的指挥者"

今天我们来认识一下作为美国新古典经济学派的代表人物,被称为"现代经济学之父",在全世界销量达400万册以上的畅销书《经济学》(*Economics*)的作者保罗·萨缪尔森老师。在上课之前,我先问几个问题。

记者:你好,保罗·萨缪尔森老师。首

> **诺贝尔经济学奖**
> 这是颁发给在经济学领域做出杰出贡献的人的奖项。保罗·萨缪尔森的学生劳伦斯·克莱因、乔治·阿克尔洛夫、约瑟夫·斯蒂格利茨也获得了诺贝尔经济学奖。

先,请您做一个简单的自我介绍。

萨缪尔森: 我1915年出生于美国印第安纳州。在美国芝加哥大学和美国哈佛大学学习后,在美国麻省理工学院担任经济学教授。

1948年,我执笔的《经济学》作为经济学教科书受到学生们的喜爱;1970年,我成为第一个获得诺贝尔经济学奖的美国人。之后我教的学生中也有人获得了诺贝尔经济学奖,并在美国经济政策的制定中发挥了重要作用。

记者: 您从小就对经济很感兴趣吗?

萨缪尔森: 小时候根本不懂经济这个词的

意思。但从小学开始,我就从父亲那里了解到了股票投资。与数字相关的计算,我都做得非常好。在我高中时期,美国刮起了股票热潮,因为我股票投资做得很好,周围的人还问我该投资哪个项目。我甚至还告诉学校的老师应该投资什么样的股票。但是,这种热潮并没有持续多久。经济大萧条[①]的出现,使经济变得非常困难。

托马斯·马尔萨斯(Thomas Malthus)
与亚当·斯密、大卫·李嘉图(David Ricardo)等人并肩成为英国古典经济学的代表人物。

记者: 您很快就能掌握了经济的潮流,那您是什么时候正式开始学经济学的呢?

[①] 大萧条是指1929—1933年发源于美国,后波及全世界的经济危机。——编者注

萨缪尔森： 从进入大学开始的。高中时，我成绩很好，16岁那年，我考上了芝加哥大学。在芝加哥大学，我现场聆听了18世纪英国经济学家托马斯·马尔萨斯（Thomas Malsus）预言人口爆炸和地球灭亡的讲座。讲座结束后，我重新认识了经济学，并为成为经济学家而努力。从那时起，只要有关经济学的讲座，我全部会申请参加。当时，芝加哥大学已是在经济学上做出巨大贡献的著名大学，我在那学到了很多知识。

但是，我在学校学到的知识和校外的现实有很大的差异。当时，社会正处于经济大萧条时期，失业者泛滥。但是在教授经济理论的教室里，我却听不到任何关于失业的话题。在这样的形势下，我产生了不能只把经济交给市场本身，而是应该由政府等庞大的

组织参与经济活动的想法。

记者： 您不仅学习理论经济，甚至还关注实际经济。那么您是如何当上教授的？

萨缪尔森： 我很早就考上了芝加哥大学，之后入学哈佛大学，获得了硕士学位和博士学位。当时,经济学领域最优秀的约瑟夫·熊彼特(Joseph Schumpeter)教授、瓦西里·列昂季耶夫(Wassily Leontief)教授负责指导我的博士毕业论文。看着他们,我萌生了想向学生传授我所学习过的知识的憧憬。但直到20世纪30年代,我仍未能如愿。

后来我去了麻省理工学院担任教授。那时我25岁,在一个并不起眼的经济学科担任教授,并逐步把该学科打造成世界前几名的学科,对此我感到非常自豪。

记者: 老师,您领导的"新古典经济学派"和米尔顿·弗里德曼领导的"芝加哥学派"有何不同?

萨缪尔森: 我领导的新古典经济学派认

为，为了防止市场失灵，政府应该介入市场。米尔顿·弗里德曼领导的芝加哥学派主张尽量减少政府对市场介入。因此，米尔顿·弗里德曼和我一生都是学术上的对立关系。

有一次，芝加哥大学教授、诺贝尔经济学奖获奖者西奥多·舒尔茨（Theodore Schultz）想聘请我为教授，但那时芝加哥大学已经有了米尔顿·弗里德曼。刚开始因为是母校，所以我是想去的，但一天之内我就改变主意，不去了。因为到了那里，会产生牵制米尔顿·弗里德曼的心理，害怕自己不自觉地产生偏向一方的见解。我认为学者不能只主张一方面的理论，而应该保持中立。

记者： 关于您的《经济学》一书，您认为这本书长期受到众多学生喜爱的原因是什么呢?

萨缪尔森: 这本书包含了以凯恩斯经济学理论为基础确立的新古典经济学派的主张,整理了现代经济学的理论和焦点问题。

例如,"税收对价格和数量的影响""战争机会成本""公共政策和反垄断法"等,是我基于经济学的学生立场,对热点话题的解释及说明。即使第一次学习经济学的人也能较容易地理解书中内容,所以受到了很多人的喜爱。

记者: 听了老师的一席话,我明白了老师被称为"经济学界的通才"的原因。感谢您接受采访,至此采访结束。

下面,我们通过课程详细了解一下经济主体和经济客体。

目录

第一章 经济是由什么构成的 /1
经济 / 3

家庭、企业及政府 / 9

经济主体 / 12

经济客体 / 16

以特征区分的财物 / 19

第二章 家庭的经济活动 /29
家庭也进行生产活动吗 / 31

劳动是量化概念,还是质量概念 / 36

通过经济活动获得的收入 / 40

根据收入而生活 / 45

多种消费规律 / 48

扩展知识 | **在金融机构存钱** / 51

第三章 企业的经济活动 /57
生产可能性曲线 / 59

公平分配可能吗 / 66

企业的类型 / 69

股份公司 / 74

企业竞争 / 80

第四章　政府的经济活动 /89

为什么政府的作用会变大 / 91

政府的收入来源 / 95

个人和企业的监督者——政府 / 102

政府的成功和失败 / 109

扩展知识 | 人均国民收入 / 114

第五章　国家的经济活动 /121

怎样走向全球化 / 123

国家之间是怎么合作的 / 125

扩展知识 | 米和金的稀缺性 / 128

结语　大家既是经济主体也是经济客体 / 133

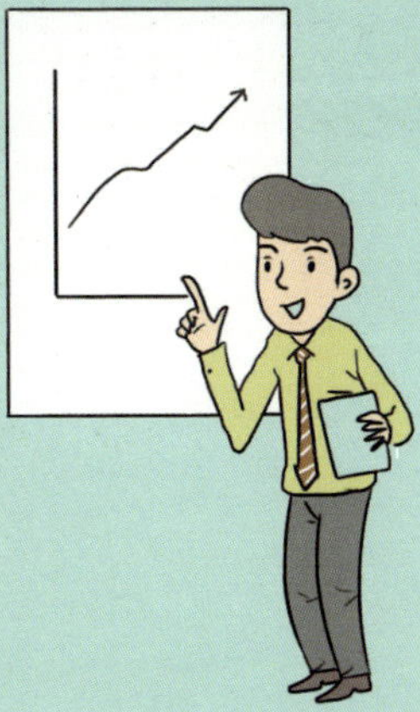

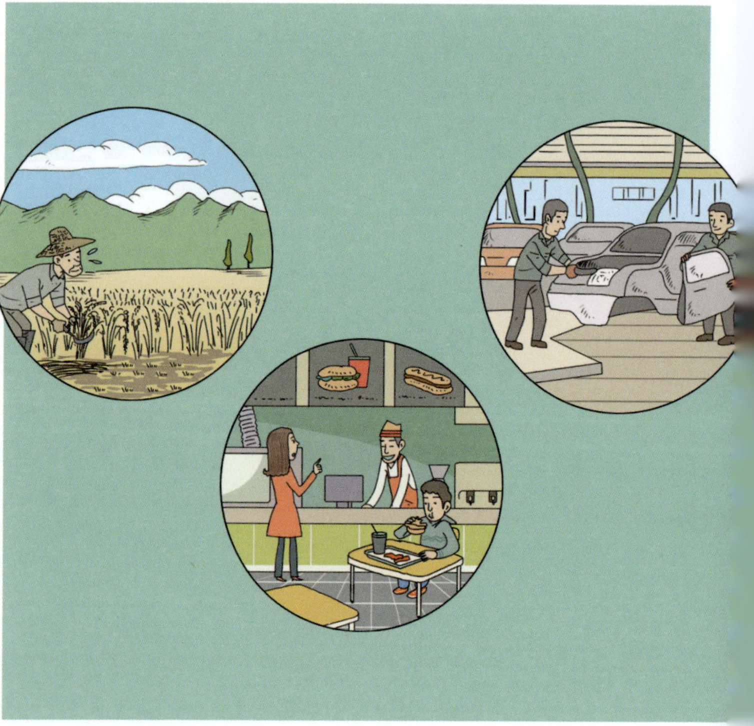

第一章

经济是由什么构成的

经济这个概念中既有进行经济活动的经济主体，也有受经济主体和经济活动影响的对象——经济客体。

下面，我们以经济主体和经济客体的概念为中心，详细了解一下经济的构成。

经济

大家知道什么是"经济"吗？有人点头，也有人摇头。在了解经济主体和经济客体之前，我们先来了解经济领域中的用语。

> 财物是对人们有用的物品的意思。由于人们对有用性的判断是主观的，因此对某些人来说没有财物价值的东西，对其他人来说可能是财物。

如果今天是你的生日，你会希望收到什么样的礼物？想要最新款游戏机吗？想要漂亮的衣服吗？你想要的东西可能有很多。这种想要的东西或者想要得到的东西叫作"需求"。那么，喜欢打棒球的人，他的需求会是什么呢？应该会是棒球手套或棒球棒吧。

这样能够满足需求的东西叫作"财物"。

但是在理发店剪发算什么呢？在理发店剪发虽然能满足人的需求，但这并不叫财物，而叫作"服务"。现在，你可以区分"财物"和"服务"了吧？

如果存在能结出衣服或汽车的树，那该有多好呢？但实际上，衣服或汽车等都需要人们的设计和加工等。这叫"生产"。

假设人们通过生产制造了运动器械或游戏机。但是谁都不买的话，就会成为没用的东西。有人买东西叫作"消费"，但是东西可以毫无代价地被购买吗？负责生产的人也不会不计报酬地生产。那么，生产的人一般会以什么为报酬呢？就是钱。以钱作为生产的报酬，这个过程被称为"分配"。

现在大家学习了"需求""财物""服务""生产""消费""分配"等6个名词。把这些名词连接起来，用一句话来说明大家要学习的内容，"生产、消费、分配是为了满足需求的财物和服务"。这就是"经济"或"经济活动"。试着再详细一点说明吧？"生产、消费、分配是为了满足需求的财物和服务，以及为此所需的所有社会关系"，这虽然比刚开始的解释稍微长了一点儿，但还不足以说明经济，我们需要比这更详细更准确的表达。也许大家读完这本书后，就可以更详细地谈论经济是什么。

我们了解了经济的意义，现在我们来了解

一下经济主体和经济客体。主体是指"积极参加某件事,主导该事情的实体""事物的主要部分"。客体是指"人类认识、实践的对象""感觉、思维、意志等所有主观或主体的作用对象",如果更简单明了地表现是"主体"是"行为对象","客体"是"行为所涉及的对象"。

<u>爸爸</u>踢了<u>球</u>。

主体　客体

我们在"爸爸踢了球"这句话中找一下主体和客体吧。主体是产生踢球行为的人——爸爸,客体是成为该行为所涉及对象的球。这次我们来看一下在"主体"和"客体"中加入经济。经济主体是"进行经济行为的对象",经济

像我一样受到影响的对象就是客体。

客体可以解释为"经济行为所影响的对象"。

敏俊在店里买冰激凌吃。

主体　　　　客体

在"敏俊在店里买冰激凌吃"这句话中,进行消费这一经济行为的敏俊成为经济主体,该经济行为所影响的对象——冰激凌成为经济

第一章　经济是由什么构成的

客体。

财物或服务被生产、消费、分配时，进行经济行为的实体则成为经济主体。为了满足经济主体的需求，财物或服务将成为经济客体。

那么，让我们从经济学角度对经济主体和经济客体进行说明。经济主体是指"在生产和消费财物或服务的经济活动过程中，直接完成生产或消费活动，起到主要经济行为作用的个人或组织"。经济活动的主体主要有家庭、企业、政府、国家等。

经济客体是指"受生产和消费行为所影响的对象，如财物或服务等"。

整理一下，经济活动中的经济主体有家庭、企业、政府、国家等，经济客体有财物和服务等。

家庭、企业及政府

在经济学中,家庭是指通过向企业提供生产要素来获得收入,并以家庭收入为基础进行消费活动的经济最小单位。简单地说就是消费的主体。

> 家庭向企业提供劳动、资本、土地等生产要素,以此获得工资、利息、地租等收入。

同样的词语,其社会学含义和经济学含义不同,是不是有点难?因为语境不同,词语的含义和解释也会有所不同。但是我们正确了解单词有什么含义是非常重要的。

这次我们来了解一下企业的含义。想到企业,最先想到的是什么?就是公司。企业一般是指公司,企业是购买生产要素并进行生产活动的生产主体。企业生产各种财物和服务,并将其提供给消费者,从而获得利润。企业从生产活动中获得的利润用于购买再生产所需的资源等。

那么,家庭和企业的最大差异是什么呢?那就是家庭负责消费,企业负责生产。

在"敏俊吃完饭,制作桌子售卖"这句话中,敏俊是生产的主体还是消费的主体呢?如果你感觉分析起来比较困难的话,我们来一起分析一下句子。

<u>敏俊</u>吃完<u>饭</u>。

主体　　客体

在前半句"敏俊吃完饭"中,敏俊是主体,饭是客体。但是敏俊吃饭是消费行为。因此,敏俊在"家庭、企业、政府、国家"的经济主体中起着家庭的作用。

（敏俊）制作桌子售卖。

主体　　　客体

从后半句里,我们可以知道敏俊成为主体,桌子成为客体。但是敏俊制作并售卖桌子是消费行为吗？不是的,是生产行为。因此,敏俊在"家庭、企业、政府、国家"的经济主体中起着企业的作用。

再来看一下整句话。

敏俊吃完饭,制作桌子售卖。

既是家庭又是企业

第一章　经济是由什么构成的

现在可以知道敏俊会成为什么样的经济主体了吧？敏俊可以成为家庭和企业。消费的主体是家庭，生产的主体是企业。只要记住这一点，我们就可以区分家庭和企业这两个经济主体。在此基础上更进一步，我们也可以知道"仅靠家庭和企业实现的经济"被称为"私人经济"。

经济主体

"政府"从家庭和企业中收取税金。但是政府只收税吗？不是的。政府以税金为基础，确保经济活动稳定进行，维持社会秩序，提供国防或治安等公共服务，让国民过上舒适的生活。

我们试着说得再详细一点吧。政府建设铁路、港口、道路等社会基础设施，主导医疗、教育等公共服务等。

治安
意味着维持和保护社会的秩序。

在前文中，我们把仅靠家庭和企业实现的经济称为民间经济或私人经济，只由政府组成的经济叫作政府经济或公共经济。而且家庭、企业、政府维持互补关系而形成的经济被称为国民经济。

家庭、企业、政府组成的经济叫国民经济，对吗？还有一种说法叫作

封闭
指的是与外部交流受阻的状态。

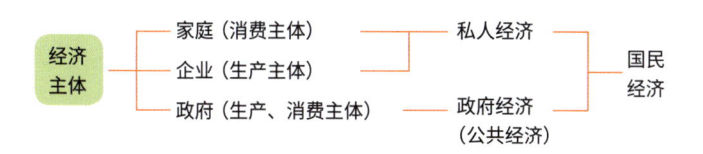

```
经济          ┌─ 家庭（消费主体）      ┐─ 私人经济       ┐ 国民
主体          ├─ 企业（生产主体）      ┘                 │ 经济
              └─ 政府（生产、消费主体）── 政府经济        ┘
                                        （公共经济）
```

第一章　经济是由什么构成的　13

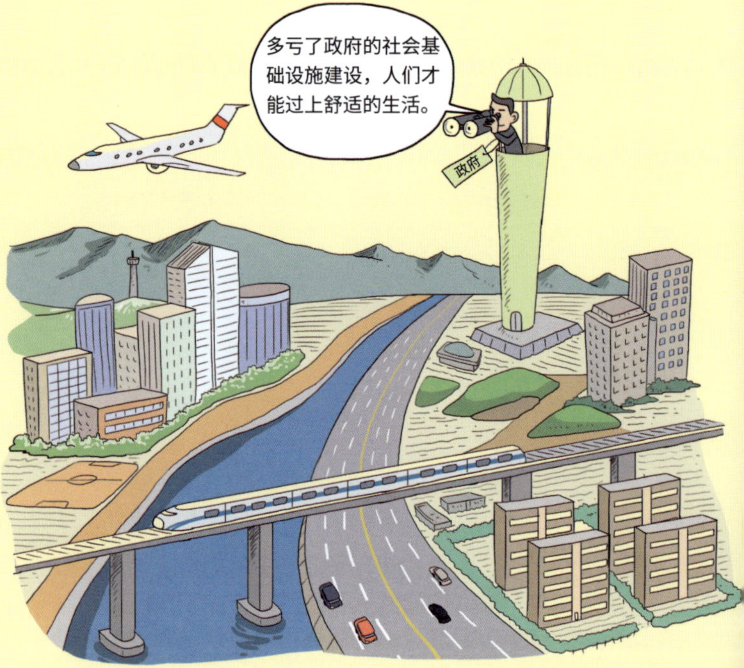
多亏了政府的社会基础设施建设，人们才能过上舒适的生活。
政府

"封闭经济"。意思是，只在本国运行的经济。但如今，随着全球化的发展，国际贸易与国际经济交流成了经济发展的重要因素。

所以国家这一经济主体登场了。国家是通过国际贸易活动实现生产和消费的经济主体。因此，在世界经济中包括国家这一经济主体。

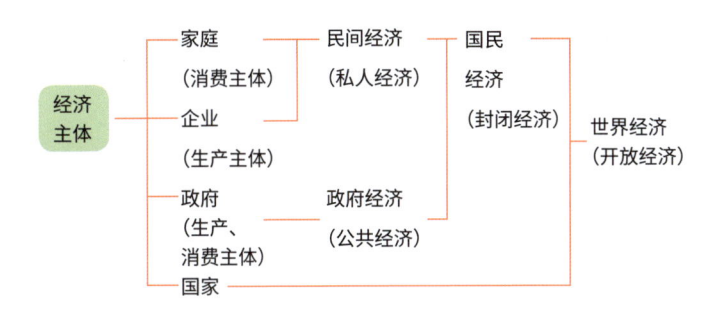

经济主体
- 家庭（消费主体） ┐
- 企业（生产主体） ┘ 民间经济（私人经济） ┐
- 政府（生产、消费主体） — 政府经济（公共经济） ┘ 国民经济（封闭经济） ┐
- 国家 ─────────────────────────── 世界经济（开放经济）

第一章 经济是由什么构成的 15

经济客体

现在我们来了解一下经济客体吧。我们要满足自身的各种生活需求。比如,我们要吃好吃的食物,要穿漂亮的衣服,住在舒服的房子里。食物、衣服、房子等满足需求的东西被称为"财物"。

饼干厂生产了饼干。
主体　　　客体

现在,你可以知道经济活动的主体是什么了吧?就是企业——饼干厂。那么经济活动的客体是什么呢?饼干工厂生产的饼干。所以,饼干是财物。

<u>商店</u>里在售卖饼干。

主体

经济活动的主体是商店,这一点很清楚吧。那么,经济活动的客体是饼干吗?是商店里生产的饼干吗?不是的。因此,以上句子可以换另一种表达。

商店里<u>售卖了饼干</u>。

客体

现在,你可以容易地找出经济活动的客体是什么吗?不是饼干,而是销售饼干成为经济客体。即,销售饼干可以称为"服务"。重新整理一下的话,财物如食物、衣服、房子等,都是可以看得见、用手触摸的东西。但是也有不属于这样的财物,例如,在店里销售饼干这个行为虽然不是可以用手触摸的东西,但属于经济活动的客体。因为它可以满足想买饼干的人的需求。

将"看得见的东西"称为"财物",将"无法用手触摸的行为"称为"服务"。

> **增进**
> 气势逐渐增加的意思。

服务根据供应主体不同,分为公共服务和民间服务。公共服务是指政府或公共机关为增进国民的民生福祉,提供治安、行政、国防、教育等服务。

民间服务是指个人或企业以获得经济利益为目的所提供的服务。

随着经济增长和生活水平的提高,出现了业务的分担和代办的需求,消费者希望得到多种服务，因此服务越来越多样化。而且，需要同一财物或服务的消费者越多，其财物或服务的价值就越高。这种现象被称为"网络效应（network effect）"，最具代表性的例子就是手机。无论我使用多么昂贵的手机，如果没有其他人使用手机，我的手机就没有任何使用价值。使用手机的人越多，我的手机使用价值就越高。

以特征区分的财物

根据财物的稀缺性，可将财产划分为自由财产和经济财产。"稀缺性的财物"被称为"经济财产"。经济财产会比人的需求量少，人们需要支付一定的费用才能获得。人们需要铅笔，就要花钱买铅笔，所以铅笔是

> 因为存在的量比人的需求多，不具有稀缺性，被称为自由财产。

经济财产。因此，我们花钱购买的具有经济价值的财物是经济财产。

"不具有稀缺性的财物"被称为"自由财产"。大家没有阳光的话能活下来吗？肯定不行。但是在我们生活的地球里，谁也不会为了得到阳光而去有意识地努力或进行买卖。这种非稀缺性的自由财产，无论多么重要，都不具有经济价值。

自由财产是指，由于存在量比人的需求量多，因此可以被人们毫无代价地自由获得。简单来说，自由财产（如阳光等）不能成为人们占有或者销售的对象。

但是自由财产会随着时代和社会而变化。例如，人们很难将水视为自由财产，因为在商店里买饮用水需要付钱，所以在现代社会中，水是经济财产。

根据使用目的，财物也可以分为生产资料和消费品。因为生产资料和消费品都是"稀缺性的财物"，所以是"经济财产"。生产资料是为制造、加工、再销售而生产、使用的财物，也被称为资本财产。例如，钢铁或机械等是用于生产资料的财物。

消费品是为了满足人们的需求，在日常生活中直接消费的财物。消费品是指人们根据该产品的用途而确认使用的财物。

但是即使是同一个财物，根据用途的不同，有可能会成为消费品，也有可能会成为生产资料。以面粉为例，在家里用面粉做煎饼吃的话，那么面粉是生产资料还是消费品呢？面包店用面粉做面包卖的话，那么面粉是生产资料还是消费品呢？如果人们用面粉做煎饼吃，面粉就是消费品，如果面包店用面粉制作面包销售，面粉就是生产资料。油与煤气也一样，虽然在家里使用的油或煤气是消费品，但工厂使用的油或煤气是制造其他物品的工具，则是生产资料。

根据相互之间的关系，财物可以分为替代品和补充品。替代品和补充品都是"稀缺性的财物"，所以都是"经济财产"。知道"用野鸡代替家鸡"的俗语吗？比喻没有正好合适的东西，但是可以用类似的东西代替的情况。家鸡代替野鸡意味着替代品。

替代品顾名思义就是可以替代的财物。从经济学角度来说，是可以互相代替使用的财物。指消费者在一定时间内消费一定数量的财物或服务而获得的主观满足程度（即满意度），可以用效用表示。

这种关系我们很容易发现。比如，没有猪肉，我们可以吃牛肉；没有米饭，我们可以吃面包。使用替代品，人们可以得到同样的效用，因此替代品相互之间具有竞争的性质。所以替代品也被称为竞争品。

替代品在经济中起到什么样的作用呢？如果牛肉涨价，人们会怎么做呢？大部分人会去买猪肉。相反，猪肉价格上涨的话，买牛肉吃的人会增多。像这样，替代品具有一方财物的价格上涨，另一方财物的需求就会增加的经济特征。

但是替代品的概念是主观的。因为即使是同样的财物，其效用也会根据个人的喜好、收入、消费倾向而有所不同。因为讨厌吃猪肉，

> 客人,不好意思,果汁都卖没了。

> 那换成咖啡吧。

> 在这里,咖啡成为果汁的替代品。

而坚持买牛肉的人不适用于猪肉、牛肉互为替代品的观点。

这次了解一下补充品吧?大家知道俗语"针线不相离"吗?意思就是有密切关系的东西之间没有分离,而是紧密相连的。"针和线"就是指补充品。

> **补充**
> 是指将不够或者不足的部分补足。

顾名思义,补充品就是可以互为补充的财物。从经济学上来说,就是使用两个以上财物,可以得到一种效用的财物。这种关系在我们身边也很容易被发现。没有汽油的汽车能开吗?钢笔里没有墨水能写字吗?互补品被一起使用才能发挥作用,因此与被称为竞争品的替代品不同,互补品具有合作性质。因此,互补品的特点是,如果一方商品的需求增加,另一方商品的需求也会增加。

敏俊，爸爸买了蛋糕！

敏俊爸爸买蛋糕是经济行为中的消费。买蛋糕的行为的主体敏俊爸爸成为经济主体，蛋糕成为经济客体。

敏俊爸爸在公司工作时，进行生产的经济行为。企业是生产财物和服务的生产主体。

走高速公路马上就能到。

政府用国民缴纳的税金建设道路、铁路等社会基础设施。

企业！警告！不能一个人独占球！

政府还起到裁判作用，使企业和家庭能够有秩序地进行经济活动。

就像敏俊爸爸买蛋糕和生产汽车一样，经济主体和经济客体并不是固定不变的。

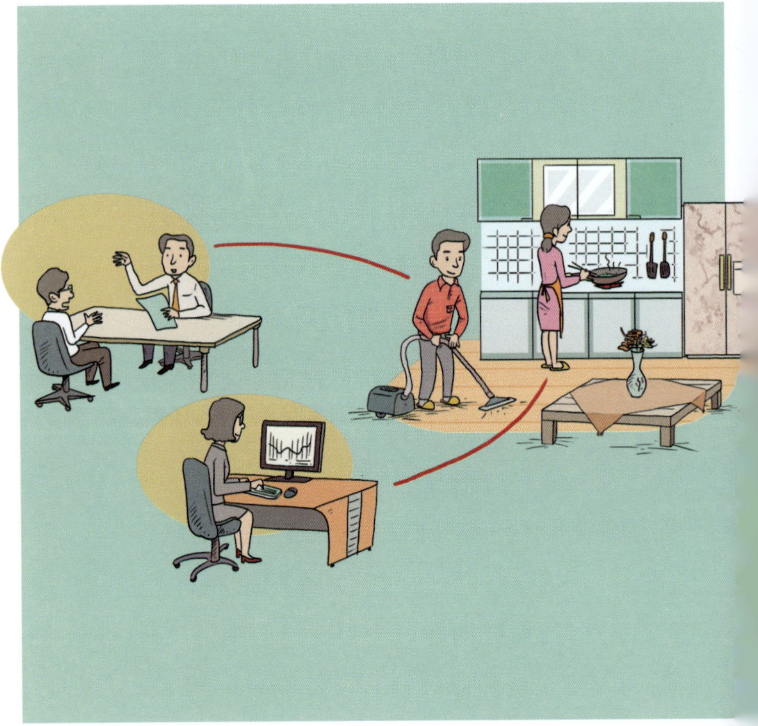

第二章

家庭的经济活动

　　作为经济重要轴心的家庭是财物和服务的消费主体。另外，家庭还向企业或政府提供劳动、土地、资本等生产要素。那么，让我们详细了解一下家庭的生产要素、收入、消费情况吧。

家庭也进行生产活动吗

人从出生到死亡都会进行反复地生产和消费。这种生产和消费活动叫作经济活动。那么家庭从事什么样的经济活动呢?

> 家庭是决定收入获得和处理的经济主体,是一个国家经济活动的基础单位。

家庭是为了增进家庭成员的福利而形成的社会最小的单位,其基本的作用是进行消费活动。但是你知道作为消费主体的家庭也在从事生产活动吗？为了说明这一点，我们先了解一下生产活动和消费活动。

生产活动是制造生活所需物品的活动。人们在陆地和海洋中直接获得自然资源的工作，通过加工资源获得新物品及销售物品等都是生产活动。例如，人们用钢铁制造汽车或用鱼制成鱼罐头等都是生产活动。歌手在演出现场唱歌，给人们带来快乐也属于生产活动。

那么消费活动是什么呢？消费活动是购买并使用生产物品的活动。买汽车、买罐头、买画家的画等都属于消费活动。还有，付费看歌手的演出也属于消费活动。

作为消费主体的家庭会进行什么样的生产活动呢？回想一下父母在家里做的事情，你能想起他们洗衣做饭、打扫卫生的样子吗？这种活动一般称为家务劳动,而家务劳动就是生产活动。

但是父母洗衣服会向家人收钱吗?打扫卫生会收钱吗?并不会。从父母在家务劳动中不收钱这个角度看,家庭的生产活动和企业的生产活动不同。而且,家庭的生产活动不经过市场,是因个人消费而产生的生产活动,这也与企业的生产活动不同。

作为消费主体的家庭为了消费需要钱。为了得到钱应该怎么做呢?家庭也应该像企业一样提供财物或服务吗?家庭提供的东西叫作生产要素。生产要素有矿物、石油、树木等自然赋予的自然资源,还有生产财物和服务时所需要的人的体力劳动和脑力劳动。另外,还有原料、配件、机械、工厂等作为人的生产手段的资本。

家庭成员去公司工作，付出劳动。另外，家庭通过储蓄可以提供企业制造财物或提供服务的资本。现在，大家可以理解家庭提供的生产要素"土地、劳动、资本"了吧？

在生产要素中，土地和劳动是生产不可或缺的，但是资本是土地和劳动相结合获得的生产要素。所以，在18世纪以前，人们只把土地和劳动视为生产要素。但是随着产业化的进行，人们在生产要素中增加了资本。如今，家庭提供的土地、劳动、资本是最基本、最经典的生产要素。

我们再了解一下土地、劳动、资本吧。从经济学角度来看，土地意味着"人类可以从自然中得到的一切"。不仅是土地，还有江河和

大海等，人类能够获得财物的所有空间都可以称为土地。不仅如此，地下资源、石油、森林等自然资源也可以说是土地。土地提供了可以进行生产活动的物理空间或可以利用自然的生产力。但是土地不能自己生产，土地是只有经人类劳动才能用于生产的被动性生产要素。

那么，作为能动性生产要素的劳动是什么呢？我们在前面说明经济的时候学过"需求"。

> **被动性**
> 意味着依靠别人行动。
>
> **能动性**
> 意味着不被其他东西所引导,自己行动。

为了满足需求,生产财物和服务所需的一切体力和脑力上的努力都称为劳动。

其次,资本是土地和劳动相结合产生的,资本是原料、零部件、机械、工厂等生产工具或制造这些工具所需的费用。简单地说,钱就是资本。

只要有土地和劳动,人们就可以进行基本的生产。但是人的需求是多样的,因此需要能够满足无数需求的财物。为了建设能够生产这些产品的工厂,人们需要资本。为了提高劳动生产率和增加生产,资本的作用非常重要。

劳动是量化概念,还是质量概念

土地和资本并不是主导性的生产要素,劳

动才是主导性的生产要素。人们拥有职业，也意味着向企业提供劳动。

我们来详细地了解一下劳动的概念。人们在企业中的有偿劳动是量化概念还是质量概念呢？量化概念是指可以计数或可衡量的分量或数量相关的概念，质量概念是指与事物的性质或基础相关的概念。

> 企业为了将劳动力用于生产，规定工人在一定时间里在生产现场为雇主提供劳务，这被称为雇用。

试想一下，有一家玩具公司，起初，该公司有一名老板和10名制作玩具的工人，老板和工人作为家庭的一部分向公司提供劳动。后来，该公司又雇用了10名工人。有20名工人工作，该公司能实现2倍产出吗？如果该公司雇用一名具有卓越经营能力的经理来代替10名工人，会给公司带来2倍以上的利润吗？

在这里可以区分劳动的量化概念和质量概念。因为增加劳动者意味着可以增加生产量，所以劳动者提供数量概念的劳动，经理以出色的经营能力提供质量概念的劳动。在现代社会，质量劳动比数量劳动更重要。

除了经济学，管理学也重视企业经营，将其与劳动、土地、资本一起作为生产的四要素。企业经营是指将土地、劳动、资本等生产要素纳入生产过程，制定并决定基本企业战略的活动。

假设10名工人一起生产，原本一天可以制作100个玩具。但是制作玩具的技术水平提高了，他们一天可以制作120个玩具。生产效率提高了，不仅在数量上提高了生产效率，由于技术水平的提高，质量也提高了。这种提高质量的劳动叫作人力资本。

> 在劳动者身上的知识、技术、经验等，也被称为人力资本。

给大家讲一个容易理解人力资本概念的故事。有人拜托一位知名画家画一张自己的肖像画，该画家在5分钟内画完肖像画后，向他索取一笔较高的酬劳。要求画像的人觉得画家只用了5分钟画画，就要求支付如此高的酬劳，就抱怨太贵了。该画家摇摇头回答说："我用了50年，而不是5分钟。"意思是说，该画家花了50年时间才培养5分钟就能画肖像画的实力。通过人力资本的概念，我们可以看出劳动中包含着在生产过程中发挥能动作用的劳动者的技术和经验。

通过经济活动获得的收入

到目前为止,我们认识了三大生产要素——劳动、土地、资本。下面我们来认识一下家庭的经济活动——收入、消费和储蓄。家庭获得的工资、租金、利息等称为收入。收入是指在规定的期间内以家庭为企业提供生产要素所赚取的金钱。收入是可以通过多种方法获得的，因此根据收入来源的不同，收入的名字也会有所变化。

收入有经常性收入和非经常性收入。经常性收入是指人们"定期获得的，有可能连续的收入"。在一定条件下，人们可以一直定期获得工资，所以工资是有可能连续的经常性收入。经常性收入也包括劳动收入、事业收入、资本收入等多种类型。

工资、佣金、报酬等在公司或工厂以提供劳务的方式获得的收入被称为劳动收入。另外，经营医院获得的收入或经商获得的收入，以及经营工厂或农活劳作获得的收入，都称为事业收入。

管理自己拥有的财产获得的资产溢价收入叫作资本收入。财产收入包括存入银行定期的利息收入、建筑物或房屋出租收取的租金的房地产租赁收入，还有专利权或著作权等的资本收入。利息收入、租赁收入、报酬收入是人们在帮助他人的同时获取的收入。

> **著作权**
> 对于文学、艺术、学术创作物的作者或其权利继承人有行使排他性、垄断性的权利。

另外，也有不提供生产要素而获得的收入。这种收入被称为转移性收入，是指处境困难的人从国家得到的生活补助金、年金等。经常性收入包括提供劳动的劳动收入、从事经营的事业收入、提供资本的资本收入、不提供生产要素的转移性收入。

非经常性收入是"偶然性"和"非连续性"

产生的收入，意味着无法预测的流动性收入。例如，彩票奖金、赏金、补偿金、救助金等都属于非经常性收入。

流动性
指不停地移动。

那么非劳动收入是什么呢？非劳动收入是指人们不参与生产而获得的收入。有时这种非劳动收入的获得虽然没有违反法律，却是非伦

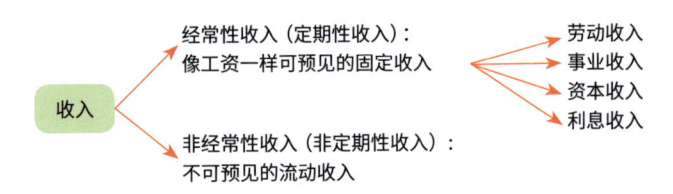

```
         经常性收入（定期性收入）：        劳动收入
         像工资一样可预见的固定收入      → 事业收入
收入  →                            → 资本收入
                                   → 利息收入
         非经常性收入（非定期性收入）：
         不可预见的流动收入
```

> **投机**
> 是指预测行情变动，为获得差价进行的买卖交易。
>
> **贫者愈贫，富者愈富**
> 有钱的人更加有钱，没钱的人更加穷的意思，指经济不平等。

理收入。非法所得收入的行为有逃税、毒品交易、赌博等，还有以劣质产品或夸大广告欺骗别人，或者垄断市场等损害公平的行为。房地产投机虽然合法，但是也是非伦理性的收入。这些通过非法行为或合法但非伦理行为获得的收入是不可取的。

在社会里，如果不劳而获的人增多，即使不工作也能赚钱的认知就会扩散。那么努力工作的人就会失去工作欲望，社会则会出现贫者愈贫，富者愈富的现象。我们要通过法律上和伦理上正当的方式获得收入。

根据收入而生活

有了收入，我们会使用收入来消费，消费可以分为消费性支出和非消费性支出。消费性支出包括食物费用、居住费用、医疗费用、教育费用等。非消费性支出是指虽然不是消费，但仍需要缴纳的钱。其中包括个人所得税、增值税、消费税等向政府缴纳的税金。而且，为了获得福利年金的个人承担部分、医疗保险费、失业保险费等各种社会保险金、罚款或滞纳金等也包括在非消费性支出中。

重要的是，无论哪种消费，都要进行合理、适当的消费。因为人类的欲望是无止境的，资源是有限的。因此，需要仔细分析自己所需要的，养成良好的消费习惯。

收入增加了，但是生活变得艰难了。这种情况有可能发生吗？答案是有可能的，原因是名义收入和实际收入不同。名义收入是指货币量显示的收入，存折上的数值就是名义收入。与此相比，实际收入是考虑价格水平的变化影响下的收入，是指名义收入的购买力。

例如，假设某人一年的平均收入从2000万韩元[①]上升到2100万韩元。收入增加了5%，这叫名义收入。虽然名义收入上涨了5%，但是如果同期消费价格指数上涨了10%，会怎么样呢？

---

① 1韩元≈0.005132元人民币。——编者注

为了认识收入和消费价格指数的关系，我们计算一下实际收入。实际收入是将名义收入除以消费者物价指数，我们在消费价格指数基准量1的基础上增加或减去物价的变动量。如果消费价格指数上涨了10%，那么就是基准量1加上10%（可换算为0.1）。以此方式计算，实际收入如下。

$$实际收入 = \frac{名义收入}{消费价格指数} = \frac{2100}{1+0.1} \approx 1909 （万韩元）$$

名义收入虽然上涨了100万韩元，但实际收入反而下降到约1909.0909万韩元。也就是说，虽然名义收入增加了，但其生活反而变得更加艰难。所以家庭只能减少消费。

如果不理解名义收入和实际收入，在名义收入增加后盲目地消费，家庭经济必然会面临危机。经济活动中有很多指标包含了收入和生活的信息。这些指标会对家庭支出等产生很大的影响，因此我们要特别关注。

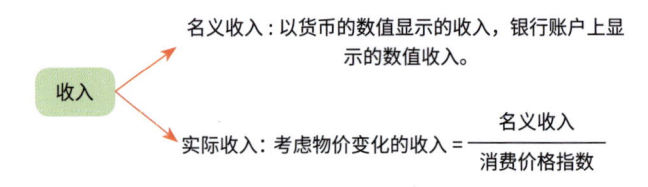

收入
- 名义收入：以货币的数值显示的收入，银行账户上显示的数值收入。
- 实际收入：考虑物价变化的收入 = $\dfrac{名义收入}{消费价格指数}$

多种消费规律

经济学中有恩格尔定律和施瓦布定律等消费理论。恩格尔定律是德国统计学家恩格尔主张的，简单地说，越是收入低的家庭，食品支出在总消费支出中所占的比率就越高。相反，随着家庭收入的增加，食品费用在总消费支出中所占的比率就会减少，教育费用、交通费用、通信费用等文化支出所占的比率就会增多。

恩格尔以该定律为基础，制定了恩格尔系数，恩格尔系数是指食品支出总额占个人消费支出总额的比重。生活水平越高，恩格尔系数数值越低；生活水平越低，该数值就越高。

$$恩格尔系数 = \frac{食品支出}{个人消费支出总额} \times 100\%$$

通过恩格尔系数，人们可以了解一个国家或地区的经济状况。如果某国国民的平均恩格尔系数增高，说明该国的经济状况正在恶化；如果恩格尔系数下降，说明该国的经济状况正

> **居住费用**
> 家庭支出中，包括居住所需经费，房租、水费、火灾保险费等就属于这一类。

在逐渐好转。

施瓦布定律是德国统计学家施瓦布主张的，是体现劳动者收入和居住费用在支出费用方面关系的定律。简单地说，越是低收入阶层，居住费用在家庭总消费支出中所占的比率就越高。

例如，如果一年有1亿韩元收入的人将其中的2000万韩元作为居住费用，那么居住费用就相当于总消费支出的20%。但是，如果一年赚3000万韩元的人将其中的900万韩元作为居住费用，虽然比前面的人使用的2000万韩元的居住费用少，但是居住费用占总消费支出的30%，因此可以说此人的居住费用在支出中所占份额更高。

扩展知识

在金融机构存钱

人们为什么会存钱呢？有的人认为把钱保管在家里会不安全，但是交给金融机构的话，不仅可以安全地保管钱，还可以产生利息。人们把钱交给金融机构并储存一定的时间后，可能会发现账户中的钱比刚开始存的钱多了一点。除了最初存进的本金以外，多出的那部分钱叫作利息。

你也许会问，将资金存入金融机构时，以哪种方法存入比较好，那么让我们来了解一下各种存款的形式吧。

储蓄是将一笔一定数量的金额储蓄一定时间，储蓄的类型有定期存款、活期存款、活期支票存款等。普通存款是随时都可以存取款的存款，利率较低。从储蓄者的立场上看，优点是方便根据自己的财务状况自由管理金钱，但是缺点是金融机构不知道你会什么时候取款，所以给出的利息较低。

定期存款是一次存入、有一定期限的存款，在此期间不能取款，利率比活期存款高。定期存款虽然有存进去之后不能随时使用的缺点，但优点是利率比活期存款高。

活期支票存款是经常收款和支付的企业为了减低现金保管和现金使用的危险性而使用

的，此时发行的支票具有与现金相同的功能。活期支票存款是没有利息的。对于企业来说，活期支票存款具有可发行余额以上且能得到银行付款的优点。

另外，把钱存入金融机构的方法还有储蓄金。这是人们在一段时间内每月汇入一定金额，到期后，可以同时收取合同金额及利息的存款制度。因为到期前不能取款，所以利息比普通存款高，期限以年为单位。将每月一点一点投入的钱持续攒起来，可以攒成一笔大钱来使用。

虽然性质不同，但近年来人们可以通过基金来使用资金。这是为了获得经济利益，从非特定的多数人来募集并运营投资基金，主要形式有投资股票或债券。一个人如果想投资股票或债券，需要知道哪些公司拥有债券、什么时候购买、什么时候出售等，需要知道的知识多且复杂。因此，金融机构代替人们做各种烦琐的事情，为此收取一定比例的佣金。所以加入基金理财意味着给金融机构提供佣金，参与投资理财活动，获得利益。

根据自己的情况和目的，以多种方法利用金融机构，制订长期财务计划并存款。

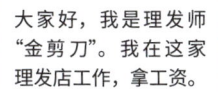

大家好，我是理发师"金剪刀"。我在这家理发店工作，拿工资。

我可以用我的工资买吃的。

人们在公司中以提供劳务获得的收入是劳动收入。工资是可以定期获得的，所以是经常性收入。

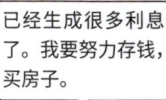

已经生成很多利息了。我要努力存钱，买房子。

所得税、保险费、伙食费，交出去的钱真多。

在银行储蓄后可以得到利息收入。除此之外，还有通过租赁建筑物或房屋获得的租金收入。

个人所得税或增值税等实际不消费的支出是非消费性支出，像伙食费、医疗费等实际消费的支出是消费性支出。

只在真正需要的地方消费的习惯很重要。人的欲望是无止境的！

有的是用钱的地方！用光它吧！

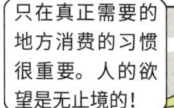

人的欲望是无止境的，而资源是有限的。这就是我们要合理消费的原因。

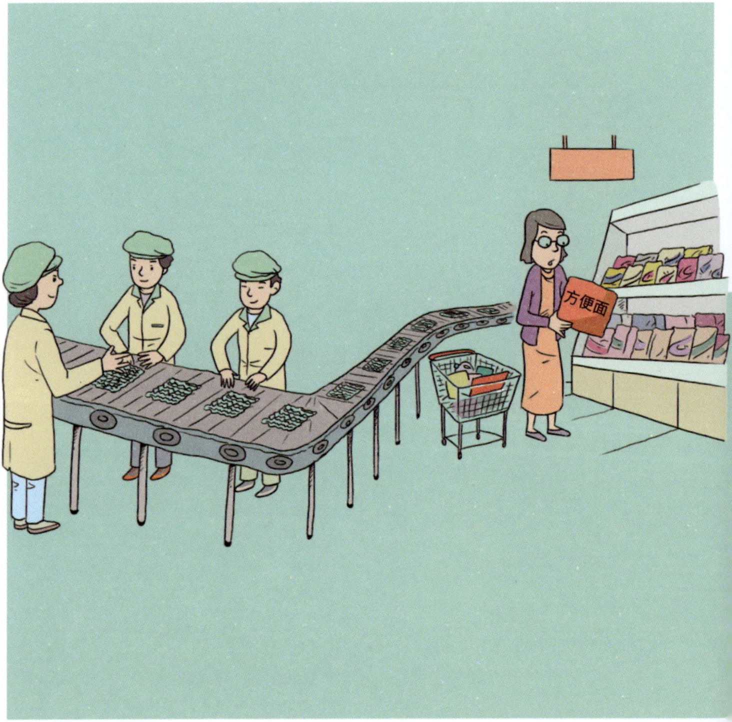
方便面

第三章

企业的经济活动

　　企业是生产的主体,我们消费的电子产品、衣服等都是企业生产的。企业以追求利润为目标,掌握消费者的需求,提供具有一定性价比的财物或服务。而且还会向家庭支付购买生产要素的费用。让我们来详细了解一下企业吧。

生产可能性曲线

企业是为获取利润而生产财物和服务的有组织性的经济单位。可以说，企业是制造我们生活所需的财物或提供服务的生产活动主体。

但是企业、公司和工厂的意义有什么不一样吗？企业在经济用语中，是指以追求利润为目的通过提供财物或服务换取收入的组织单位；公司在法律用语中，是指以商业活动或其他以赢利为目的的组织；工厂是作为生产产品的地方，是构成企业的一个要素。企业和公司虽然分为经济用语和法律用语，但可以同义使用。

企业与生产有着密切的关系，下面我们来了解一下生产和消费。简单地用文字来解释生产的话，就是制造出来的财物。但是，如果我

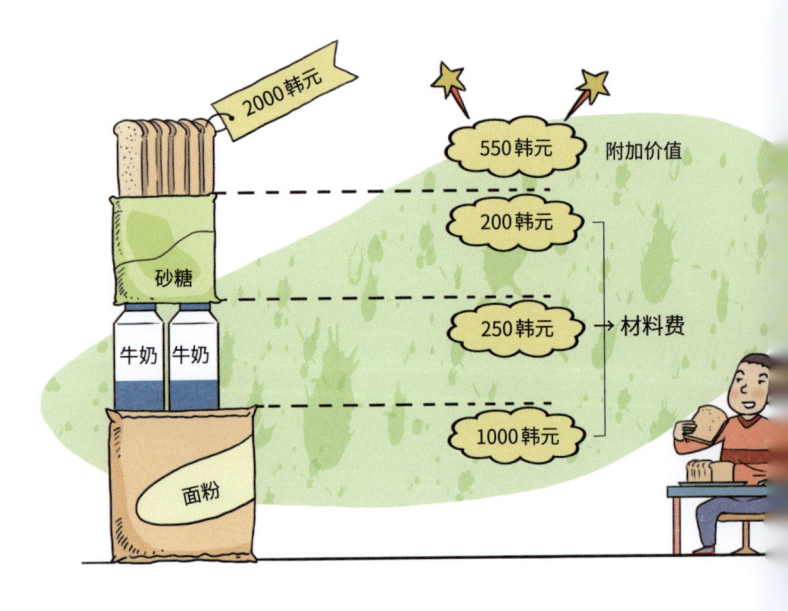

们用经济学用语解释生产的时候，则是"使其附加价值增大的所有活动"。

那么什么是附加价值呢？附加价值是指生产过程中新创造的价值，通过简单的例子来看一下。某面包店使用面粉1000韩元、牛奶250韩元、白糖200韩元的材料，生产了价值为2000韩元的面包。这时制作好的面包的价值是2000韩元，除去材料费1450韩元，剩余的550韩元就是附加价值。当然，除去制造者的工资，附加价值会更少。面包售出的话就会有附加价值的利润。也就是说，企业在创造财物或服务时，获得的附加价值就是利润。

那么，财物的运输、保管、销售是生产

> 无论规模大小，产品是财物还是服务，为了获得利润而生产和销售的经济主体都是企业。

吗?试想一下,我把秋季产出的苹果保存起来,等到了春季再卖。苹果的价格会上涨吗?在这个过程中,苹果的附加价值增大了吗?没错,附加价值增大了,因为我在冬天里保存了苹果,这也算是生产。

现在我们再想想另外一个情景。

妈妈去肉店买猪肉。

妈妈的行为是生产还是消费呢?大家很容易认为是消费吧,但是消费是为了满足需求而直接使用财物和服务的活动。仅仅买肉就满足了需求吗?买完肉并没有结束。

妈妈用去肉店买来的猪肉做了泡菜汤。

这是生产还是消费？因为这次制作了汤，所以我们不该认为这是生产吗？但是生产是带有增大附加价值的经济活动。泡菜汤增大了附加价值吗？现在我们还难以回答。

妈妈把去肉店买来的猪肉做成泡菜汤并吃掉了。

现在，你可以知道这是生产还是消费了吧。妈妈的行为解决了饥饿，满足了欲望，肯定是消费。所以从一开始的过程就是消费的过程。那么，我们来看一下其他情景。

妈妈把去肉店买的猪肉做成泡菜汤来卖。

现在我们可以区分这是生产还是消费了。卖泡菜汤获得了附加价值的利润,所以这是生产,那么从始至终就是生产的过程。在家栽培生菜,自己吃是为了满足需求而消费的,在家栽培生菜来销售是为了获得有附加价值的利润而生产的。

但是企业为了获得更多的利润,可以尽可

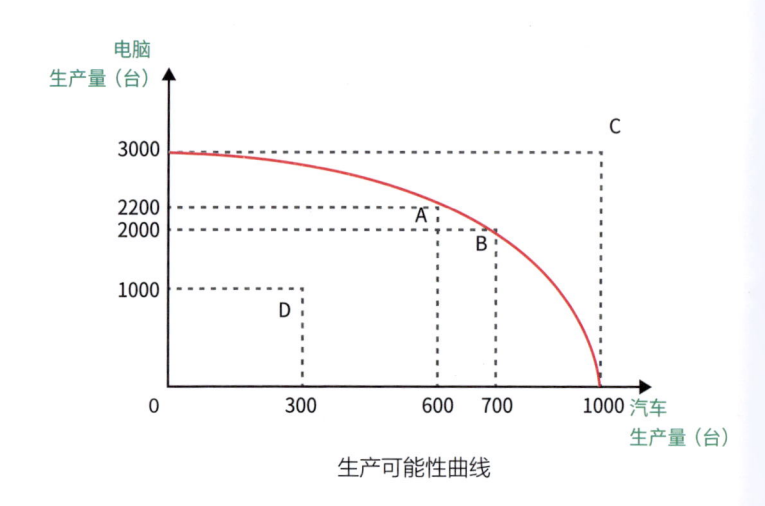

生产可能性曲线

能多地生产吗？答案是不行的。因为资源是有限的。我们从生产可能性曲线来看，会很容易理解其中的原因。生产可能性曲线表示利用有限的生产要素，完成最大限度的生产。

上图是生产可能性曲线，如果企业所有资源都投入汽车生产中，最多可以生产1000辆汽车，一台电脑都生产不了。相反，如果企业所有资源都投入电脑生产中，意味着仅电脑就可以生产3000台，汽车却连一台都生产不了。

曲线中的A、B两点表明了生产可能性的极端情况。如果生产资源合理分配给汽车和电脑，那就可以像A点一样生产600辆汽车和2200台电脑。如果将部分生产资源从电脑生产转移到汽车生产，就可以像B点一样生产700辆汽车和2000台电脑。

此时由于资源有限,所以我们不能像C点一样生产这么多的电脑和汽车。另外,像D点般分配生产是浪费资源的,效率低下。

公平分配可能吗

我们知道牛奶配送也是生产。牛奶是财物,配送是劳动,二者组合在一起,产生了"牛奶送货到家"的服务。喝牛奶的人会为此消费,而企业会从中获益。企业将利润中的一部分向配送牛奶的人发放工资,这就是企业以工资的形式分配的,企业家获取利润也属于分配。

分配是指企业向生产所利用的土地、劳动、资本的所有者分配租金、工资、利息。更简单地说的话,就是参与生产的成员们互相分

累计收入百分比（%）

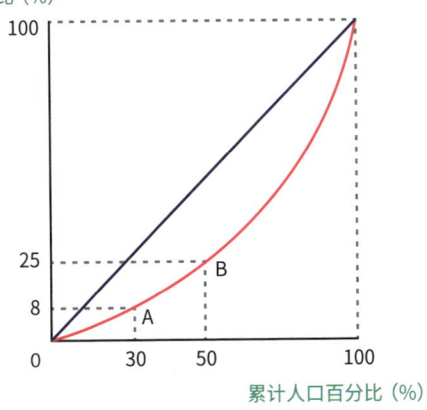

享所得。但是分配对每个人来说都公平吗？我们从可以了解一个国家收入分配情况的指标图"洛伦兹曲线（Lorenz curve）"中看出，事实并非如此。

洛伦兹曲线的横轴表示累计人口百分比，竖轴表示累计收入百分比。如果分配是均等的，洛伦兹曲线必须与倾斜45°的对角线一

累计
是指一层层叠加的。

致。这条线叫作收入完全平等分配的绝对平均线。但不幸的是,没有那样的国家。

在A点,30%人口的收入占总收入的8%;在B点,50%人口的收入者只占总收入的25%。

我们通过洛伦兹曲线比较一下A国和B国。

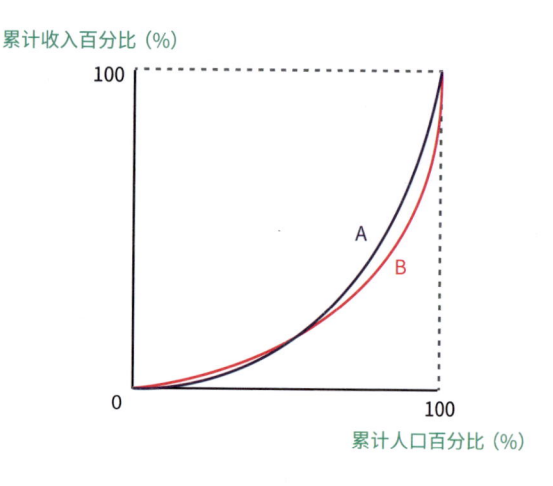

累计收入百分比(%)

累计人口百分比(%)

在低收入层中 A 国的曲线比 B 国的曲线更靠下方。这意味着 A 国家低收入层的分配不均衡现象更加严重。但在高收入层中，A 国的曲线比 B 国的曲线更高。在高收入层中，意味着 A 国比 B 国分配的不均衡现象少。虽然人们不可能实现完全公平的分配，但为了实现公平分配，家庭、企业、政府的共同努力是非常重要的。

企业的类型

企业有多种类型。根据向企业提供资本的是政府还是地方公共团体或者是个人，企业大体上可以分为公营企业和私营企业。国家或公共团体为公共利益运营的企业称为公营企业，个人以追求利润为目的经营的企业称为私营企业。

公营企业是为了公共利益运营的企业，建设水道、电气、道路等人们生活必需的财物等，不以获得利益为目的运营。现在韩国的部分公营企业进行与设立目的无关的事业或建立不必要的组织，从而出现赤字状态，引发诸多问题。因此，在公营企业中，事业内容相似的企业之间会进行合并或废除一部分。另一部分将会民营化，这被称为公有企业民营化①。

私营企业根据为个人利益提供资本的人数可以分为个人企业和共同企业。另外，私营企业可以分为以赚钱为目的建立并运营的营利性企业和不以赚钱为目的的非营利性企业。

个人企业是指一个人投资经营，这是投

---

① 公有企业民营化：韩国政府对部分公有企业推行民营化。——译者注

资和经营统一的最基本的企业形态。律师事务所、花店等个人经营的企业是个人企业，员工人数较少的中小企业大部分都采取个人企业的形态。个人企业可以较快速地做出决策，而且很容易保护公司的商业机密，个人独自承担经营的利益和损失，因此具有积极运营企业的优点。但是也有需要独自筹集资本的困难和由于所有者的个人决定，企业状况不稳定的缺点。

多数人提供资本的企业被称为共同企业。股份公司可以说是共同企业的代表。

这次我们按企业规模的大小来区分一下企业类型吧。

企业可以根据销售额、员工数量、资本规模，分为大型企业、中型企业、

股份公司
通过发行股票，通过多数人筹集资本成立的公司。

小型企业、微型企业。虽然每个国家和机构的标准略有不同，但普遍认为员工在300人以上的企业是大型企业，员工在50~300人的企业是中型企业，员工不到50人的企业是小型企业，员工在1~4人的企业是微型企业。这时中型企业和小型企业以及微型企业合起来叫作中小型企业。

大型企业和中小型企业的标准根据法律略有差异，因为大型企业和中小型企业缴纳的税金不同，在税法上根据行业确立了大型企业和中小型企业的纳税标准。例如，制造业的员工人数即使达到200~300人也不属于大型企业，但在贸易行业或信息管理行业则不相同，与上述制造业同样的员工人数，则会被划分为大型企业。

企业可以分为制造财物的企业和不制造财物的企业。制造财物的企业属于制造业，提供服务的企业属于服务业。

制造业是将各种原料加工，制造新产品提供给消费者，主要在工厂制造财物。

服务业不制造财物，而是负责给人们带来帮助和愉悦感。

企业中也有风险企业和跨国企业。风险企业是为了利用新知识或技术而开始的小规模创造性、技术指向型的企业，破产的风险较高。

在韩国，与其他类型企业相比，风险企业的技术要求或成长性是相对较高的，因此政府有必要对风险企业提供政策支持。因此，韩国《有关培养风险企业的特别措施法》中规定了可以被认定为风险企业的标准。如果符合该标准，就可以被认定为风险企业，得到国家的政策支持。

跨国企业顾名思义就是活跃在各个国家的企业。跨国企业总部设在一个国家，根据其总部的战略，在世界各地建设子公司、分公司、工厂等，确保在国际范围进行生产和销售。从19世纪开始，大量涌现出跨国企业。通用汽车公司、福特汽车公司、国际商业机器公司（IBM）等是有代表性的跨国企业。这些跨国企业在许多国家提供工作岗位，传播先进的经营方法和技术。

股份公司

想要创业的话，你先要确定自己擅长的创业项目，然后在创业咨询企业或中小企业支援中心等接受创业项目咨询。决定创业项目之后，你需要调查想创业的领域是否有竞争对手。在这样进行详细的调研后，再慎重决定是否创业。

创业需要创业启动资金。企业可以通过发行股票筹集创业启动资金。

决定创业后，你要向管辖区的行政部门申请营业执照。此时，个人创业

> **发起人**
> 指带头主张做某件事的人，法律上是指企划设立股份公司并在章程上签名的人。

者需要准备相关证件，向管辖区的行政部门提出申请。但是，设立股份公司时，需要3人以上共同组成发起人，准备各种文件，向管辖区的法院或登记所申请法人登记。可想而知，设立股份公司的程序会更复杂。

企业家发行股票后，利用股东买卖股票

的钱建立公司并经营企业。如果认为用以出售股票的方式筹集股份公司的资本，就很容易理解了。

持有公司发行的股份的个人或企业称为股东。股东可以根据持有的股份数量分为大股东和小股东，拥有一定数量以上的大股东可以直接或间接参与公司经营。股份公司的特点是公司所有权和经营权分开。

假设A公司成立时，B公司购买了很多A公司的股票，投资了很多。这种时候，B公司可以对A公司行使影响力支配或管理其事业活动。通过持有股份并对其他公司进行支配事业活动的公司，被称为控股公司。

因为股份公司是法人所有制，所以要有决定公司经营意向、执行业务、负责监督、监察

总公司　　　　　子公司

的机构。为此,股份公司拥有股东大会、董事会及监事会三个机构。

  股东大会是由全体股东组成,决定公司经营管理的重要事项的最高决策机构。董事会由股东大会选任的理事组成,董事长由董事会选任。监事也由股东大会选出,进行会计监察和业务监察。

股东是指持有股份直接或间接参与公司经营的个人或法人,但是很多股东无法直接参与经营。因此,股东根据自己持有的股份拥有表决权,通过股东大会选出代替股东经营企业的董事会。

在董事会中选出代表企业的经营者,将其称为首席执行官(CEO)。通常,首席执行官还负责公司的所有经营决策。

现在稍微了解股份公司了,那么股东如何获得利润呢?股份公司将获得的利润按一定比例分给公司的股东,就叫分红。股东可以通过分红获得利益,也可以通过高价出售自己低价购买的股票获得利益。

这时,证券交易所就是股票交易的地方。

但是，并不是所有公司都能在证券交易所发行股票。因为，如果股票在没有经过验证的情况下就被允许进行交易，那么购买了不正当公司股票的人可能会受到损失。

因此，证券交易所根据公司的大小或经营状态等制定了严格的标准，只给予通过该标准的企业发行股票和进行交易的资格，这被称为股票上市，发行可以上市的股票的公司叫作上市公司。可以向证券交易所出售股票的公司是上市公司。

但是企业可能会被其他公司合并，合并是指在法律上和实质上都是两个以上的企业合并为一个企业。一般股份公司企业收购合并的情况会以企业并购（Mergers and Acquisitions）方式进行合并。企业并购是通过购买公司的股票获得公司所有权。企业并购有获得对方企业同意并获得该企业经营权的善意并购，还有未经对方企业同意就获得该企业经营权的敌意并购。

现在我们知道了创建公司的过程和股份公司的相关概念了。

企业竞争

企业的目的是尽可能多地获取利润。企业的利润是企业总收入中减去用于制成产品的劳动和资本等的成本费用。企业要想获得利润，企业家必须发挥创造力，进行合理经营；精准掌握消费者的需求，生产物美价廉的商品。当然，企业要遵守社会规定的法律和制度，通过合法的方式获得利润。

企业为了获得更多的利润，会通过多种方式与其他企业竞争，还要比其他企业制造出品质更优良、设计更独出心裁的产品。因为在市场上，消费者们都想购买物廉价美的产品。

> 冒着风险和不确定性，追求利润的企业家的挑战精神被称为企业家精神。

提升
意思是使位置、程度、水平、数量、质量等方面比原来高。

其次，企业通过广告竞争。广告是指以消费者为对象，把产品信息通过媒体传达，为了提升销售量和企业形象的所有宣传行为。企业通过报纸、杂志、广播、电视等多种媒介做广告，向消费者宣传产品或服务，以增加销售。

广告分为提高企业产品及服务销售量的产品广告，以及宣传企业社会贡献或企业经营的重要性、提高对企业信任的非产品广告。非产品广告又被称为企业广告或形象广告。

有时，企业也会通过服务进行竞争。免费送货、安装产品、修理故障产品等，努力提供比其他企业更好的服务，以此扩大产品的市场占有率。

另外，企业还通过信息进行竞争。为了在无限竞争的时代生存下来，企业认为没有信息就没有战略，因而努力提高获取信息的能力。企业的信息战争可以分为攻击活动和防御活动，攻击活动是信息的收集，防御活动是信息保护。在这两种活动中落后的企业，生存则会受到威胁。

进行企业竞争，会有什么好处呢？消费者可以以更优惠的价格购买更优秀的产品，并享受更好的服务。企业为生产价格实惠、质量优良、设计优秀的产品而努力,从而达到良性竞争的积极效果。企业之间自由公平的竞争最终会推动我们的经济发展。

但是,如果因虚假广告或夸张广告导致不公平的竞争,消费者可能会受到损失。如果企业不进行产品质量竞争,只致力于广告竞争,过高的广告费可能会导致商品价格上涨。这样一来,消费者对企业的不信任感就会增加。

> **虚假**
> 指内容是虚假的或是与实际不相符的。

不公平竞争包括企业通过价格串通、垄断市场、制造虚假广告、以不正当方式吸引顾客等。特别是垄断和串通是愚弄消费者的有代表性的不公平竞争。"垄断"是指只有一家企业生产和销售某种商品的情况,垄断对消费者有不好的影响。这使企业可以单方面上调商品价格，而消费者没有选择的余地，只能购买该产品，在品质和服务方面，消费者无法享受到更好的体验。

"串通"是指某行业的部分经营者通过串通定价或限制对方交易，使该行业无法进行公平竞争的行为。这会造成企业之间无法展开良性竞争，产品价格维持高价或上调到高水平，给消费者带来不利影响的情况会增多。

那么，我们如何阻止不公平的竞争？家庭能否防止企业进行不公平的交易？家庭可以联合起来，通过抵制等措施努力阻止不公平，但在现实中会面临很多困难。因此，为了避免不公正竞争，政府会参与其中。

政府为了消除不公正竞争，制定并设立

了促进公平交易的相关法律法规。这样做是为了阻止垄断企业造成的市场集中,促进公平竞争,保护消费者,谋求国民经济均衡发展。

在经济活动中,作为生产主体的企业根据规模大小分为大型企业和中小型企业。

企业根据出资人是个人或非个人,分为个人公司和股份公司。

这个公司是我自己投资创建的公司,我是主人。

我们投资这家公司,获得了股份。我们都是主人。

个人公司

股份公司

我们齐心协力在市场上发挥更大的影响力吧。

企业有时会与其他企业合并,这叫企业并购。

友好的企业并购对双方都有利,但是未经对方企业同意获得经营权的企业并购也会产生矛盾。

竞争固然重要,但公平才是重点!不公平的竞争将受到制裁。

禁止犯规!

政府

啪!

悄悄……

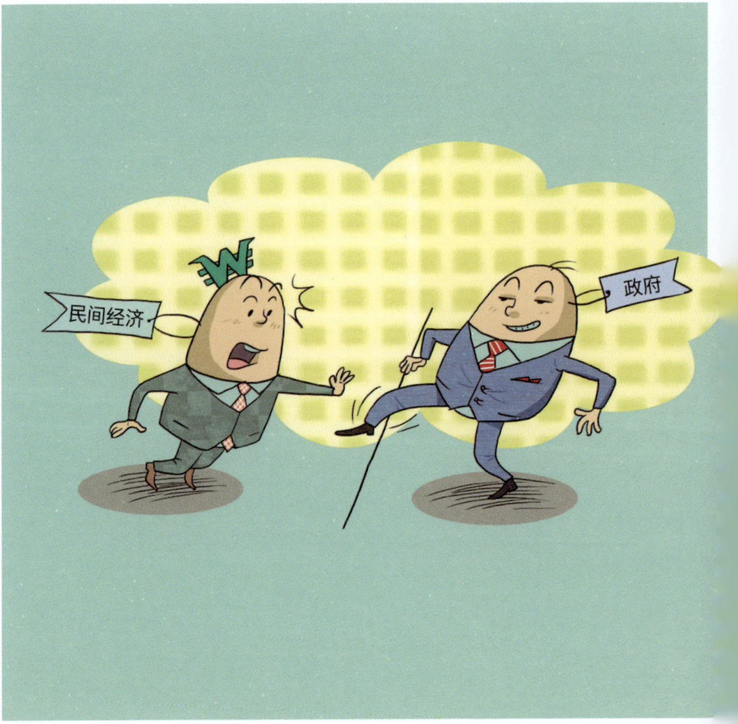
民间经济
政府

第四章

政府的经济活动

　　政府是消费和生产都涉及的经济主体。政府从家庭和企业中收取税金，提供道路、国防、教育、行政等公共设施的生产活动的主体。不仅如此，政府还制定各种制度和规则，消除威胁市场经济秩序的因素，维持市场经济秩序。接下来，让我们详细了解一下政府多样的活动。

为什么政府的作用会变大

与企业、个人经济活动相对应的经济行为，以政府为主体的经济管理等称为政府经济或公共经济。但我们不能以市场经济原理作为基础，仅靠家庭和企业私人经济实现经济活动吗？为什么强调政府的作用呢？

如果政府只强调市场经济，会造成消极的影响。这被称为夜警国家，夜警国家只起到维持国家基本治安等最低限度的作用，不介入市场。市场经济主义者虽然没有否定政府存在的必要性，但表示应该将政府的干预作用减少到最低限度。

特别是经济自由主义学派的权威人士亚当·斯密主张政府不能介入私人经济，将政府的作用限定在国防和治安、维护社会秩序、公共事业运营等方面。

晚上走路的时候我们能看到路灯，那个路灯是谁，为了什么而建造的呢？是住在路灯附近的人建造的吗？还是企业建造的呢？

路灯、道路、机场等不是家庭或企业建造的。我们生活所需的财物和服务大部分由企业生产，但也有一些生活必需品是企业不生产或无法生产的东西。因为建设道路、机场、铁路等社会基础设施需要巨额资金，而民间企业的资本是有限的。

路灯、道路、铁路、机场等国民可以共同使用的财物和守护国民生命和健康的国防、治安、消防等服务被称为公共物品。即，公共物品是指国民可以共同使用的财物、服务等。这些公共物品是国民生活所需的东西，但是家庭和企业不生产，所以由政府负责生产。

政府直接或间接参与公共物品的生产，将其提供给家庭和企业。

那么我们来看看公共物品的价格和消费的关联吧。在价格层面，公共物品可以由任何消费者进行消费，这意味着不仅是支付费用的人，不支付

> 在市场经济体制下，政府发挥的作用大致有两种。
>
> 一是为了使市场经济顺利运转，提供各种法律法规、制度上的支持；
> 二是政府直接介入市场，为资源分配的效率性和收入分配的公平性等执行政策。

第四章　政府的经济活动

费用的人也可以享用。

公共性质就是即使不支付费用也不能排斥他人消费的可能性。这种公共物品的性质被称为"非排他性",这与家庭和企业中的价格逻辑完全不同。

在消费层面,公共物品是任何消费者都可以进行消费的,意味着自己的消费和别人的消费是没有关联的。即使我们经常接受治安、消防的服务或经常使用道路,也不会对别人的消费或使用产生影响。像这样相互不竞争的财物或服务的公共物品性质被称为"非竞争性"。

公共物品是同时具有非排他性和非竞争性特性的财物或服务。而完全具备非排斥性和非竞争性的公共物品被称为纯公共物品。但是这里也有疑问,因为在公共物品的两个特性中,有一方的特性可能会不完整。

在使用道路方面，存在不支付税金等费用的人也可以在道路上开车的非排他性，且不存在因开车使用道路而造成其他人不能使用道路等影响的非竞争性。此时，非竞争性消失了。堵塞的道路不再是纯公共物品，而是成为虽然有非排斥性，但非竞争性消失了的非纯公共物品或准公共物品。

政府的收入来源

政府为了进行多样的生产和消费需要钱。那么政府如何筹措资金？政府会乱印钞票进行生产和消费吗？

政府通过从家庭和企业收取税金和运营公有企业赚取收入，以及发行国债等作为资

国债
指国家以其信用为基础，发行的债券。

金。国家对社会资财的收入、支出的管理活动被称为"财政"，筹集资金被称为"税收"，使用资金称为"财政支出"。

让我们来了解一下政府的"税收"吧。税收由政府税收收入和政府非税收入组成，税收收入的比重更大。税收的另一种说法就是税金。

税金是什么呢？税金是指政府机关为了达到特定目的等，对个人所得或行为进行征税。根据征税主体和性质不同，有各种各样的税金。

税金可以分为国税和地方税。国税是国家征收的税金，有所得税或增值税等。而地方税是地方政府征收的税金，有房产税或汽车税等。从工资等收入中扣除的税金是中央政府的税收，拥有房产的人缴纳的房产税和拥有汽车的人缴纳的汽车税等是地方政府的税收。

而且税金可以分为直接税和间接税。直接税是指纳税人直接负担的税收，例如，个人所得税、企业所得税等。而间接税是指纳税义务人不是税收的实际负担人，例如有增值税、消费税、关税等。

第四章 政府的经济活动

个人所得税、财产税、继承税等是高收入者多缴税，低收入者少缴税的税金，这是本人需要直接缴纳的直接税。增值税是对商品生产、流通、劳务服务中多个环节的新增价值或商品的附加值征收的间接税。我们购买的大部分商品的价格都包含着商品价格的10%左右的增值税，增值税是每一个人都以同样的税率缴纳的税金。

除此之外，根据用途的不同，税金可以分为普通税和目的税。普通税是无特定用途的税金，有所得税或注册税[1]等。而目的税是只用于特定用途的税金，有地方教育附加税、城市规划税等。

---

[1] 注册税指韩国对购买、转让、取消资产的名称和其他权力而征收的一种税。——译者注

如果政府只收税不用于国民,国民就不会纳税了。所以政府将征收的税金用于国民,这被称为财政支出,一年内国家的一切支出总和则称为财政总支出。

政府通过财政收入推动各种项目,如用于提供公共物品和公共服务,用于经济开发,用于海洋渔业支持、产业支持及对道路、铁路、港口等社会间接资本的扩充建设等。

另外,国防和社会福利也需要财政资金。政府债务的利息也会用财政收入支付,财政收入还向缴纳健康保险、失业保险、社会补助金的家庭或企业提供补助金。

但是这种财政支出的规模和内容会根据时代和经济、社会情况而有所不同。如今,政府的活动领域不仅包括教育和社会间接资本建设，还包括为支援经济弱势群体扩充社会福利、环境保护、科学技术支持等，随着经济社会的进一步发展，与此相关的财政规模正在逐渐增加。

在近代资本主义发展初期，西方经济学家认为政府的税收和支出最好只用于政府的行政作用。因为他们认为，经济完全根据市场经济原理运转才是理想的。但是1929年美国大萧条以后，以凯恩斯为中心的一众经济学家认识到了政府在国民经济中的重要性。

美国在1923—1929年享受了经济繁荣，但随着1929年股市崩溃，经济开始迅速崩溃。1932年，美国有1/4的劳动者失业。很多人因为没有收入而无法消费。由于消费萎缩，企业无法再生产商品，导致失业者增加，出现了经济大萧条。

在经济恐慌状态下，经济学家主张：如果政府有意增加投资和消费支出，就可以为激活经济做出贡献。换而言之，如果家庭和企业等民间部门的投资和消费需求萎缩，政府可以积极发布并实施经济政策，以此重振经济。

最终，在美国时任总统富兰克林·罗斯福（Franklin Roosevelt）的主导下，许多大规模工程动工了。由此国民的工作岗位增加了，他们参加工作、获得收入，并开始购物消费。因此，企业重新开始制造商品，工作岗位继续增加。美国政府通过新政的实施渡过了大萧条，之后政府在国民经济中发挥的积极作用扩散到了全世界。

但是，政府税收和财政支出计划的预算并

不是由政府决定的。政府制订计划后，经过立法机关审议和调整再发布。而且立法机关还制定与经济关联的法律，起到防止家庭或企业的腐败的作用。

政府为了进行负责任的财政活动，在制定预算时要先考虑财政支出带来的效果。在预算执行过程中，要减少低效率的部分，透明、公正地进行财政活动。

个人和企业的监督者——政府

在经济学中，政府起到让私人经济顺利运转的裁判和监督的作用。足球比赛时没有裁判会怎么样？比赛就不能公平进行。市场也是一样，市场是竞争的场所，竞争中最重要的是遵守规则。如果市场上公正的规则被忽视，市场就会因逃避法律而变得混乱，最终崩溃。

韩国石油资源依赖进口。但是如果进口石油的加油站企业聚集在一起偷偷约定提高油价的话，会发生什么事情呢？人们为了汽车的正常使用，不得不购买汽油。继而，国民会付出高昂的价格购买汽油，这些企业也会获得丰厚的利润。这时便需要政府介入。

政府为了市场的顺利运转和公平竞争，履行裁判和监督的作用。同时，政府为了维持市场经济秩序，设立各种规则和制度，以求消除威胁市场经济秩序的因素。另外，政府还阻止企业进行虚假广告或夸张广告宣传，力求为消费者家庭提供正确的信息。还有，如果企业进行垄断竞争及不公平交易，政府将对其进行管制，并下达行政命令，有时还会对其进行法律处罚。

政府还负责管理物价。因为国民对价格十分敏感,所以政府总是关注物价上涨率,并努力降低物价上涨率。经济学中的价格是由需求和供给的关系决定的,如果购买某商品的人比销售的人(需求比供应)多,价格就会上涨,相反,如果销售的人比购买的人(供给比需求)多,价格就会下降。如果制造物品的原材料价格上涨或工人工资上涨,制造物品所需的费用就会增加,物品的价格也会上涨,即是物价上涨。

冰激凌平时的价格是500韩元,如果涨价到1000韩元,是因为需求比供应多吗?这不能仅单纯地用需求和供给法则解释。因为虽然物品是固定的,但是会根据通货膨胀的因素而不同。

因此，得出物价上涨并不是由于冰激凌价格上涨，而是表示物品价格的货币的实际购买力下降。

这种国家流通的货币数量被称为"货币供应量"。货币供应量受中央银行的行为影响。中央银行通常以调整利率来调节货币供应量，中央银行公布的利率被称为基准利率。

> **中央银行**
> 指一个国家金融和货币政策的主体银行。

但是如果中央银行降低基准利率的话会怎么样呢？有的人想借钱分期付款买汽车，购买所需的费用是原本贷款金额加上10%的利息，如果基准利率下降，购买费用变为贷款金额仅加上5%的利息，民众会是什么心情呢？会想快点买车吧？刺激这种消费需求的方法就是降低基准利率。

另外，如果基准利率下降，贷款利息的负担就会减轻，家庭或企业会从银行贷款购买物品。这会导致需求增长，物价也自然会上涨。所以货币供应量可以说是物价变动的最大原因。

现在我们来了解一下有关物价的词语——通货膨胀。通货膨胀是指在一定时期内物价持续上涨。如果用货币供应量来解释的话，就是货币供应量持续增加的现象。货币量增加意味着货币的大量投放，如果货币大量投放，需求就会增加，作为财物价格的物价也会上涨。

如果货币供应量急剧减少的话会怎么样呢？这会导致消费者的需求减少，供给增加，作为财物价格的物价会下跌，这种现象叫作经济停滞。长此以往，生产企业就会减少岗位，经济活动也会停滞。这种现象被称为通货紧缩，我们可以认为它是通货膨胀的相反概念。

但是也有即使经济不景气，物价也会上涨的情况。例如，影响整个产业的原油价格暴涨，导致所有物价都突然上涨，这种现象叫作停滞性通货膨胀。停滞性通货膨胀是经济停滞和物价上涨的通货膨胀的合成词，指经济萧条、物价上涨的现象。

如果出现停滞性通货膨胀，人们的生活将变得非常困难。这是因为收入减少，物价却上涨。在这种情况下，如果政府投入资金，物价可能会进一步上涨，如果减少资金，经济可能会进一步恶化，因此处境将变得非常困难。

> 一瓶饮料，2亿津巴布韦币。

> 钱比饮料明显重得多。

收银台

例如，1990年巴西和阿根廷的物价上涨了2000%以上，如此急剧发生的通货膨胀叫作超级通货膨胀。

津巴布韦2008年一年的物价上涨率达到了百分之2亿以上。因此，当地政府还制作了面值100兆的津巴布韦币。随着纸币的价值下降，甚至发生了把纸币当作柴来烧火的事情。

最后津巴布韦断然实行了将1兆津巴布韦币兑换为1津巴布韦币，其"货币改革"是指这样更换货币单位的行为。种种改革均以失败告终的津巴布韦政府放弃了自己国家的货币，将美元作为正式交易手段。由此可见政府想控制物价并不是一件容易的事情。

政府的成功和失败

经济根据市场经济原理运转是理想的，但由于各种原因无法实现资源最优配置的时候就叫作市场失灵。由于企业垄断，导致某行业减少产量，产品价格提高，给家庭带来经济负担；以及企业生产过程中污染环境，企业的违法行为增加等都可以说是市场失灵的表现。

那么政府的调控会不会失败呢？如果政府发挥不了什么作用，会怎么样？政府过度介入市场，也会出现副作用。另外，政府的经济运营不成熟导致的市场介入失败、公共部门因利己主义和腐败而导致的经济失败等被称为政府失败。

特别是一个国家不能偿还从其他国家借来的钱的话，则会出大问题。如果政府不能按时偿还利息或本金，政府将最先向国际货币基金组织（IMF）请求救援，及接受金融援助。

韩国在1997年12月，也因外汇危机向国际货币基金组织申请救济金融，度过了国家破产危机。但是国际货币基金组织金融援助的条件非常苛刻，通常被称为"经济的托管制度"。而且，如果一国接受国际货币基金组织救济金融，由于严格的财政紧缩和残酷的经济结构改革而导致的利率上升、经济恶化、失业率上升等问题也会随之而来。

> **托管制度**
> 这意味着接受联合国委任，在该国一定的非自治地区内进行管理。

但是，如果连国际货币基金组织都帮不上忙，政府就会宣布延期偿付（Moratorium）或违约（Default）。延期偿付是因为政府没有能力按时还款，所以请求延期；违约则表示根本无法偿还。延期偿付表示政府虽然到了偿还负债的时期，但由于金额太多暂时推迟偿还，从有偿还意向这一点来看，与违约性质不同。

如果宣布延期偿付或违约，国家信用会下降，并伴随股价暴跌，汇率暴涨，很难得到其他国家的援助。

所以政府为了维持国家信用而努力，国家信用等级一般由三大国际信用评价公司穆迪投资者服务公司、标准普尔公司、惠誉国际信用评级公司决定。它们根据政治状况、经济结构、公共负债、社会文化因素等进行评价。这些国际信用评价公司虽然不是国际机构，而是民间公司，但极具国际影响力，因此不可忽视。

另外，如果放任市场经济体制下发生的不平等状况，只追求竞争，贫富差距就会加剧。政府有义务解决这些社会问题。因此，政府将实施最低工资制、个人所得税累进税制、失业者救济制等。

但是从政府的立场来看，除了经济，政府还要负责消防治安责任，负责维护国防和安全责任，外交领域要与国际交流、与联合国等国际机构开展合作。

还要管理社会福利服务、医疗保险、失业保险、年金保险、工伤保险等社会保险制度，提供保健卫生、食品安全、环境限制和自然保护、学校教育等。因为政府提供了很多与国民生活相关的公共服务，所以政府对国民生活的影响非常大。

> 扩展知识

人均国民收入

为了了解国民的生活水平是否提高,可以观察该国的人均国民收入。但是为了理解人均国民收入,先要理解国民生产总值(GNP)、国内生产总值(GDP)、国民总收入(GNI)。

GNP 是 "Gross National Product" 的缩写,意思是国民生产总值,是指一个国家(或地区)所有常住单位在一定时期内收入初次分配的最终结果,国民虽然在国内工作,但在国外也工作,因此国民生产总值是指一个国家的国民在国内和国外生产出来的财物和服务的总价值。

GDP 是 "Gross Domestic Product" 的缩写，意思是国内生产总值。与居民国籍无关，以市场价格评价国内生产的财物和服务的价值总和就是国内生产总值。

两者的概念相比较，GNP 重视参与生产活动的人的国籍，GDP 重视的是生产活动的场所。

那么，其他国家或地区的人在韩国赚钱属于 GNP 还是 GDP 呢？因为该人是在韩国赚钱，所以属于韩国的 GDP。相反，韩国人去其他国家或地区赚的钱则包括在韩国 GNP 中。

韩国为什么用 GDP 代替 GNP 作为衡量经济增长的指标呢？随着交通和通信的发达以及经济全球化，劳动和资本在国家之间的流动性大幅增加。

例如，其他国家或地区的汉堡公司进军韩国并开设了公司。公司的所有者不是韩国人，但是生产者和消费者大部分都是韩国人。这种情况下，只有公司的所有者赚钱吗？在那个公司工作的韩国人也会获得收入吧？虽然所有者不是韩国人，但是也对韩国经济做出了贡献，因此有主张衡量一个国家的经济指标应该包括在韩国的其他国家和地区的人生产的财物和服务。

最近为了衡量居住在国内的国民的实际经济水平，认为不应该使用以国籍为中心的GNP作为指标，而是使用以领土为中心的GDP作为指标更合适，因此GDP被广泛使用。欧洲国家从20世纪70年代中期开始,日本和美国从20世纪90年代初期开始将GDP作为经济增长指标。韩国也从1995年开始将经济增长指标从GNP改为GDP。GDP可以说是反映一个国家经济水平的代表性经济指标。

GDP是20世纪30年代初美国经济学家西蒙·库兹涅茨(Simon Kuznets)提出的。

最后,GNI是"Gross National Income"的缩写,意思是国民总收入。GNI是一个国家国民在一定时期内以参与生产活动为代价获得的收入合计,是为了测定实际国民收入,反映交易条件变化的经济指标。

政府从家庭和企业收取税金进行经济活动。

来吧，大家都请交税！

政府利用税金建设道路或港湾等基础设施，为生活困难的人提供住宅。

这是政府为生活困难的人准备的房子。

过去，民众对政府的过度介入也有否定的看法。

这种程度我们可以自己看着办，别再干涉了。

这是政府应该做的事情。

现代政府为了家庭和企业公正地进行经济活动起裁判和监督作用。

大家遵守经济规则吧！

第五章

国家的经济活动

　　国家与国家之间的交易叫作国际贸易。一个国家向另一个国家出售产品和服务是"出口",相反,一个国家从另一个国家购买产品和服务则是"进口"。国家是进出口相关的贸易主体,是当今面向开放经济的经济全球化时代的重要经济主体。接下来我们将详细了解国家的经济活动。

怎样走向全球化

虽然韩国不生产石油,但石油是汽车和机械等产业设施运营所必需的原料。那么韩国为了使用石油该怎么做呢?应该要从生产石油的国家中买回来吧。这笔钱该如何筹措呢?可以通过向其他国家出售汽车等来筹集。

国家与国家之间的交易叫作国际贸易。

> 韩国进口和出口的贸易依存度在国内生产总值中所占比率接近90%。

贸易是怎么形成的呢？正是因为全球化的驱动。全球化意味着各个国家和地区在经济、社会、文化上都有着密切的关联。随着全球化的进一步发展，全世界的经济、文化等相互影响。

那么推动全球化的原因是什么呢？其原因有交通工具和通信技术的发展、市场竞争等。随着汽车和火车以及运输机等交通工具的发展，物资运输的速度加快。随着交通工具的发展，运输费减少，国家之间的交流变得日益活跃。

通信技术的发展也带动了全球化。随着电话、通信卫星、网络的发展，信息处理和传达速度加快。特别是1990年后，通信技术快速发展，信息交换促进了全球化进程的加快。

随着通信技术的发展，人们可以不受空间距离的限制，在世界任何地方都可以接收、传送信息。

国家之间是怎么合作的

由于全球化的发展，某一国家或地区产生的问题可能会对世界许多国家产生影响。第二次世界大战以后，联合国、经济合作与发展组织、北大西洋公约组织等国际组织不断出现。

同时，随着全球化的发展，国际贸易变得更加活跃。1995年，世界贸易组织（World Trade Organization，WTO）成立，它在调节世界贸易活动中发生的经济纷争、反倾销协议的认定和决判等方面起到了重要作用。

国际贸易政策通常分为贸易保护主义和自

由贸易主义。

"贸易保护主义"是限制进口以保护本国市场的经济政策;"自由贸易主义"是降低关税壁垒,取消对进出口贸易的限制和阻碍的经济政策。"自由贸易主义"把全世界视为一个市场,试图消除国家之间的贸易阻碍。

主流
指的是事物发展的主要趋势。

关税
对出口、进口或通关的货物征收的税金,有出口税、进口税、过境关税,但目前韩国只有进口税。

随着全球化的进行,与"贸易保护主义"相比,"自由贸易主义"成为主流。但是,所有国家和地区无法同时消除贸易壁垒。

进行自由贸易的国家之间会签订自由贸易协定(Free Trade Agreement,FTA),自由贸易协定是消除两国之间贸易壁垒的契约。韩国于2004年与智利签署了自由贸易协定，通过此协定，韩国可以低价进口智利的农产品，智利可以低价进口韩国电子产品。但是，韩国农民因进口低价的农产品而遭受损失，智利电子产品公司则因进口韩国低价电子产品而遭受损失。所以，两国并没有取消所有物品的关税，韩国对智利的大米和苹果不豁免关税，智利对韩国的洗衣机和冰箱不豁免关税。

随着自由贸易的发展，地理上相近，政治、文化上相似的国家为了增强竞争力，便形成了经济联合体。如东南亚国家联盟（ASEAN）、亚太经济合作组织（APEC）、北美自由贸易协定（NAFTA）、欧洲联盟（EU）等。

> 扩展知识

米和金的稀缺性

在说明经济客体财物时,不能不提稀缺性的概念。在学习经济时,稀缺性是非常重要的用语。"稀缺性"是指与人类的物质需求相比,满足需求的物质、手段的供给相对不足的情况。

例如,著名歌手亲笔签名的限量版海报有100张,但是想要拥有的人比100名更多,所以想要限量版海报的人不能都拥有。因为与想要的人相比,物品数量远远不足。

像这种，已有的财物不能满足想要拥有的人的时候，将其财物称为"具有稀缺性"，大部分财物都比较稀缺，所以人们不能拥有所有想要的东西。

可以说所有经济问题都是由于资源和财物的稀缺性而产生的。如果资源和财物足以满足人类的所有需求，那么每个人都可以拥有自己想要的东西。这样一来，就不会发生人们苦恼于要生产什么的经济问题。但实际上，与人类的需求相比，资源和财物是有限的，因此会出现为了进行有效资源配置而需要做出选择的经济问题。

大米和黄金具有稀缺性吗？那么有没有大米比黄金更具有稀缺的时候呢？在战争、干旱等食物短缺的情况下，黄金和大米相比，大米更加具有稀缺性。因为人在肚子饿的时候不能吃黄金，但是可以吃大米。在因地球上的气象异变而面临粮食危机时，大米肯定比黄金更具有稀缺性。

如果把电风扇和炉子分别带到北极的冰屋和炎热的沙漠中卖给人们，会发生什么事情呢？在寒冷的冰屋里有人会买电风扇吗？在炎热的沙漠里会有人买炉子吗？炉子对于冰屋更具有稀缺性，电风扇对于沙漠更具有稀缺性。财物的稀缺性会随着时间和场所的不同而变化。

如果垃圾量少，不容易找到的话，可以说垃圾也具有稀缺性吗？不会的。稀缺性不是单纯地判断某种东西的绝对数量是否不足,而是人类欲望和物质数量之间的相对关系的概念。因此,人类不想要的某种东西,即使数量少,很难找到,也不具有稀缺性。

垃圾不属于财物,所以没有稀缺性。这样"不被需要的财物"在经济学用语上被称为无用材,被需要的财物被称为用材。因此,只有用材才能被认定为经济活动的客体。

随着交通工具的发展,地理的限制减少了很多。

早餐在韩国吃,午餐在中国吃。

要想开展各方都满意的经济活动,需要国家间的合作。

牵着我的手。

谢谢。

结语

大家既是经济主体也是经济客体

为了满足人类在生活中产生的需求,财物和服务的生产、消费、分配活动及由此产生的所有社会关系都被称为经济。另外,人所需的

经济主体	主要经济活动	经济活动的目的	区分			
家庭	消费的主体	追求最大满足	私人经济(区分民间)	国民经济	封闭经济	开发经济
企业	生产的主体	追求最大利润				
政府	消费和生产的主体	追求经济政策及公共利益	公共经济(区分政府)			
国家	国际贸易的主体	追求贸易利益	世界经济			

财物或服务的生产和分配所有活动都被称为经济活动。进行经济活动的主体、个人或组织都称为经济主体。经济主体包括家庭、企业、政府、国家等。

从上页表可以看出，在一个国家内进行的家庭、企业、政府的经济活动统称为国民经济。

观察国民经济的循环结构，就能知道家庭、企业与政府的关系。家庭向企业提供劳动、土地、资本等，并以此为代价从企业收取

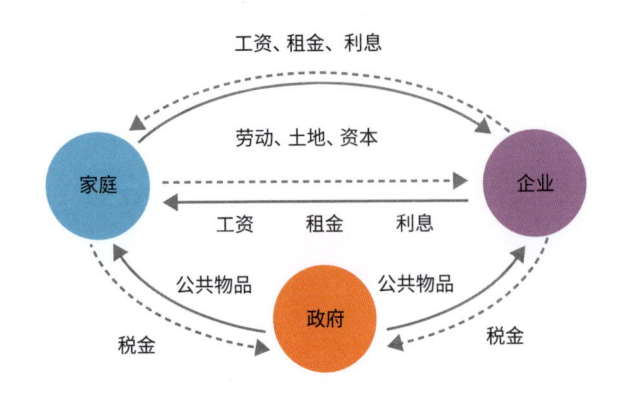

工资、租金、利息等；家庭消费企业提供的财物和服务。另外，家庭向政府交税金，使用公共物品。企业也向政府缴纳税金使用公共物品。如此而来，作为经济活动主体的家庭、企业和政府维持着相互依存的关系。

另一方面，经济客体包括财物和服务。财物是指眼睛可看见的商品，根据财物的稀缺性对其分类，具有稀缺性的财物被称为经济财产，因不具有稀缺性而无须支付费用的财物被称为自由财产。根据使用目的的不同，财物又分为消费品和生产资料，特别以公共利益为目的使用的财物或服务被称为公共物品。

最后想转达给各位的是，大家既是经济活动的行为者——经济主体，又是经济活动的对象——经济客体。经济并不简单，它总是在不断进化的，用过去的经济理论来解读现在的经济趋势是有局限性的。因为根据时间和场所的不同，经济状况也会有所不同，所以我们不能盲目相信现有的经济理论。

围绕我们生活的要素并不只有经济，还有政治、法律、社会、环境和伦理等。这些要素之间有密切的关系。

经济的最终目的是提高我们的生活质量，而且取决于大家每个人的努力。因此，希望大家今后关注经济，为美好的未来做出贡献。